בית ספר - Szkoła	2
נסיעה - Podróż	5
תחבורה - Transport	8
עיר - Miasto	10
נוף - Krajobraz	14
מסעדה - Restauracja	17
סופרמרקט - Supermarket	20
שתייה - Napoje	22
אוכל - Jedzenie	23
חווה - Gospodarstwo chłopskie	27
בית - Dom	31
סלון - Pokój dzienny	33
מטבח - Kuchnia	35
חדר אמבטיה - Łazienka	38
חדר ילדים - Pokój dziecięcy	42
בגדים - Ubiór	44
משרד - Biuro	49
כלכלה - Gospodarka	51
מקצועות - Zawody	53
כלי עבודה - Narzędzia	56
כלי נגינה - Instrumenty muzyczne	57
גן חיות - Zoo	59
ספורט - Sport	62
פעילויות - Działania	63
משפחה - Rodzina	67
גוף - Ciało	68
בית חולים - Szpital	72
חירום - Nagły przypadek	76
כדור הארץ - Ziemia	77
שעון - Zegar	79
שבוע - Tydzień	80
שנה - Rok	81
צורות - Kształty	83
צבעים - Kolory	84
הפכים - Przeciwieństwa	85
מספרים - Liczby	88
שפות - Języki	90
מי / מה / איך - kto / co / jak	91
איפה - gdzie	92

Impressum
Verlag: BABADADA GmbH, Nedderfeld 112 , 22529 Hamburg
Geschäftsführer / Verlagsleitung: Harald Hof
Druck: Books on Demand GmbH, In de Tarpen 42, 22848 Norderstedt

Imprint
Publisher: BABADADA GmbH, Nedderfeld 112 , 22529 Hamburg, Germany
Managing Director / Publishing direction: Harald Hof
Print: Books on Demand GmbH, In de Tarpen 42, 22848 Norderstedt

בית ספר

Szkoła

כיתה
Sala lekcyjna

חילק
dzielić

186/2

לוח
Tablica

חצר בית ספר
Dziedziniec szkolny

מורה
Nauczyciel

נייר
Papier

כתב
pisać

עט
Pisak

שולחן עבודה
Biurko

סרגל
Liniał

ספר
Książka

תלמיד
Uczeń

ילקוט

Plecak szkolny

קלמר

Piórnik

עיפרון

Ołówek

מחדד

Temperówka

גומי מחיקה

Gumka do mazania

חוברת סרטוט

Blok rysunkowy

סרטוט

Rysunek

מברשת

Pędzel

קופסת צבעים

Pudełko z akwarelami

מספריים

Nożyce

דבק

Klej

ספר תרגול

Książka do ćwiczenia

שיעור בית

Zadanie domowe

12

מספר

Liczba

2+2

חיבר

dodawać

5-2

חיסר

odejmować

2✕2

הכפיל

mnożyć

חישב

liczyć

A

אות

Litera

ABCDEFG HIJKLMN OPQRSTU VWXYZ

אלפבית

Alfabet

hello

מילה

Słowo

טקסט

Tekst

קרא

czytać

גיר

Kreda

שיעור

Godzina

יומן נוכחות

Dziennik lekcyjny

מבחן

Egzamin

תעודה

Świadectwo

תלבושת בית ספר

Mundurek szkolny

חינוך

Wykształcenie

אנציקלופדיה

Leksykon

אוניברסיטה

Uniwersytet

מיקרוסקופ

Mikroskop

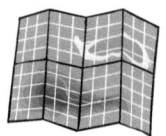

מפה

Mapa

סל נייר

Kosz na odpadki

מלון
Hotel

Grand

הוסטל
Schronisko

ROOMS

המרת מטבע
Kantor wymiany walut

EXCHANGE

מזוודה
Walizka

אוטו
Auto

שפה

Język

כן / לא

tak / nie

בסדר

OK

שלום

Halo

מתרגם

Tłumacz

תודה

Dziękuję

כמה עולה.....?

Ile kosztuje ...?

אני לא מבין

Nie rozumiem

בעיה

Problem

ערב טוב!

Dobry wieczór!

בוקר טוב!

Dzień dobry!

לילה טוב!

Dobranoc!

להתראות

Do widzenia

כיוון

Kierunek

כבודה

Bagaż

תיק

Torba

תרמיל גב

Plecak

אורח

Gość

חדר

Pokój

שק שינה

Śpiwór

אוהל

Namiot

מרכז מידע לתיירים

Informacja turystyczna

חוף ים

Plaża

כרטיס אשראי

Karta kredytowa

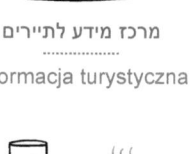

ארוחת בוקר

Śniadanie

ארוחת צהריים

Obiad

ארוחת ערב

Kolacja

כרטיס

Bilet

מעלית

Winda

בול

Znaczek na list

גבול

Granica

מכס

Cło

שגרירות

Ambasada

אשרה

Wiza

דרכון

Paszport

תחבורה

Transport

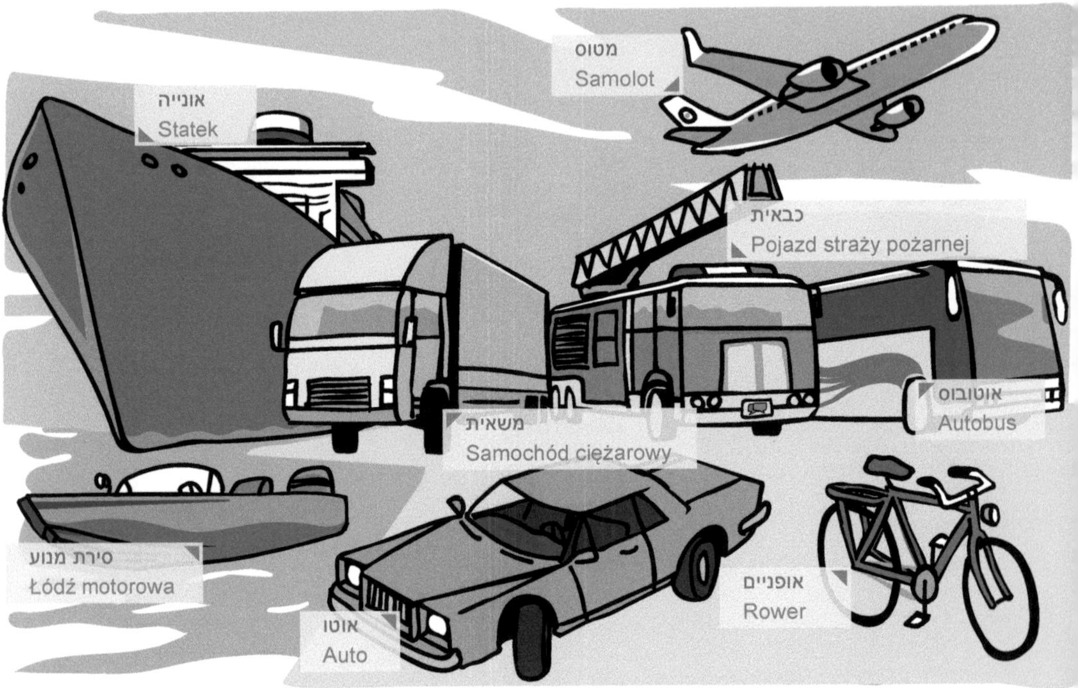

מטוס
Samolot
אונייה
Statek
כבאית
Pojazd straży pożarnej
אוטובוס
Autobus
משאית
Samochód ciężarowy
סירת מנוע
Łódź motorowa
אופניים
Rower
אוטו
Auto

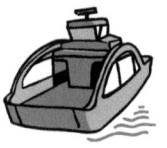

מעבורת

Prom

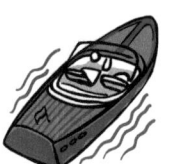

סירה

Łódź

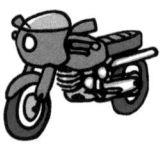

אופנוע

Motocykl

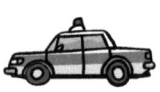

ניידת משטרה

Radiowóz policyjny

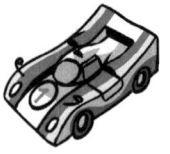

מכונית מרוץ

Samochód wyścigowy

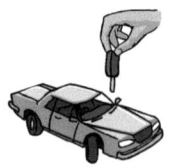

רכב שכור

Samochód wypożyczony

מכוניות בשיתוף

Wspólne przejazdy
samochodem

אוטו גרר

Samochód pomocy
drogowej

משאית זבל

Śmieciarka

מנוע

Silnik

דלק

Benzyna

תחנת דלק

Stacja benzynowa

תמרור

Znak drogowy

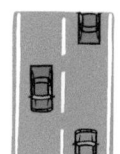

תנועה

Ruch

פקק תנועה

Korek

חניה

Parking

תחנת רכבת

Dworzec

פסי רכבת

Szyny

רכבת

Pociąg

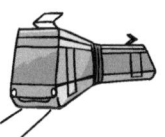

רכבת קלה

Tramwaj

קרון

Wagon

מסוק

Helikopter

שדה-תעופה

Lotnisko

מגדל

Wieża

נוסע

Pasażer

קונטיינר

Kontener

קרטון

Karton

עגלה

Taczka

סל

Kosz

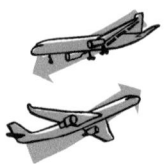

המראה / נחיתה

startować / lądować

עיר

Miasto

כפר

Wieś

מרכז העיר

Centrum miasta

בית

Dom

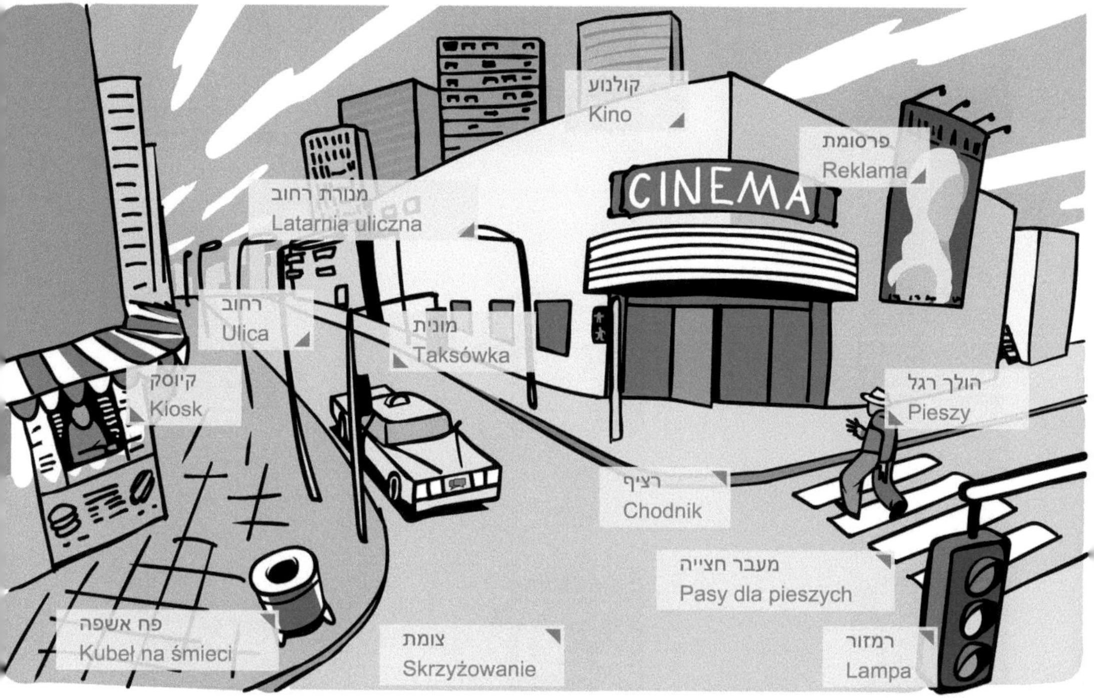

קולנוע
Kino

פרסומת
Reklama

מנורת רחוב
Latarnia uliczna

רחוב
Ulica

מונית
Taksówka

קיוסק
Kiosk

CINEMA

הולך רגל
Pieszy

רציף
Chodnik

מעבר חצייה
Pasy dla pieszych

פח אשפה
Kubeł na śmieci

צומת
Skrzyżowanie

רמזור
Lampa

בקתה
Chata

דירה
Mieszkanie

תחנת רכבת
Dworzec

עירייה
Ratusz

מוזיאון
Muzeum

בית ספר
Szkoła

אוניברסיטה

Uniwersytet

בנק

Bank

בית חולים

Szpital

מלון

Hotel

בית מרקחת

Apteka

משרד

Biuro

חנות ספרים

Księgarnia

חנות

Sklep

חנות פרחים

Kwiaciarnia

סופרמרקט

Supermarket

שוק

Rynek

כל-בו

Dom towarowy

מוכר דגים

Sklep z rybami

קניון

Centrum handlowe

נמל

Port

פארק

Park

ספסל

Ławka

גשר

Most

מדרגות

Schody

רכבת תחתית

Metro

מנהרה

Tunel

תחנת אוטובוס

Przystanek autobusowy

בר

Bar

מסעדה

Restauracja

תא דואר

Skrzynka na listy

שלט רחוב

Tabliczka z nazwą ulicy

מדחן

Parkometr

גן חיות

Zoo

בריכת שחיה

Łaźnia

מסגד

Meczet

חווה

Gospodarstwo chłopskie

זיהום

Zanieczyszczenie środowiska

בית עלמין

Cmentarz

כנסייה

Kościół

מגרש משחקים

Plac zabaw

בית מקדש

Świątynia

נוף

Krajobraz

עלה
Liść

תמרור
Drogowskaz

דרך
Droga

מרעה
Łąka

אבן
Kamień

מטייל
Wędrowiec

עץ
Drzewo

נהר
Rzeka

דשא
Trawa

פרח
Kwiat

בקעה
Dolina

הר
Góra

אגם
Jezioro

יער
Las

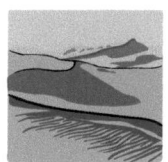

מדבר
Pustynia

הר געש
Wulkan

טירה
Zamek

קשת בענן
Tęcza

פטריה
Grzyb

דקל
Palma

יתוש
Komar

זבוב
Mucha

נמלה
Mrówka

דבורה
Pszczoła

עכביש
Pająk

חיפושית

Chrząszcz

צפרדע

Żaba

סנאי

Wiewiórka

קיפוד

Jeż

ארנב

Zając

ינשוף

Sowa

ציפור

Ptak

ברבור

Łabędź

חזיר בר

Dzik

צבי

Jeleń

אייל הקורא

Łoś

סכר

Tama

טורבינת רוח

Wiatrak

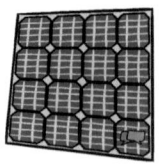

פנל סולארי

Moduł solarny

אקלים

Klimat

מסעדה
Restauracja

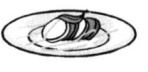

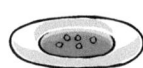

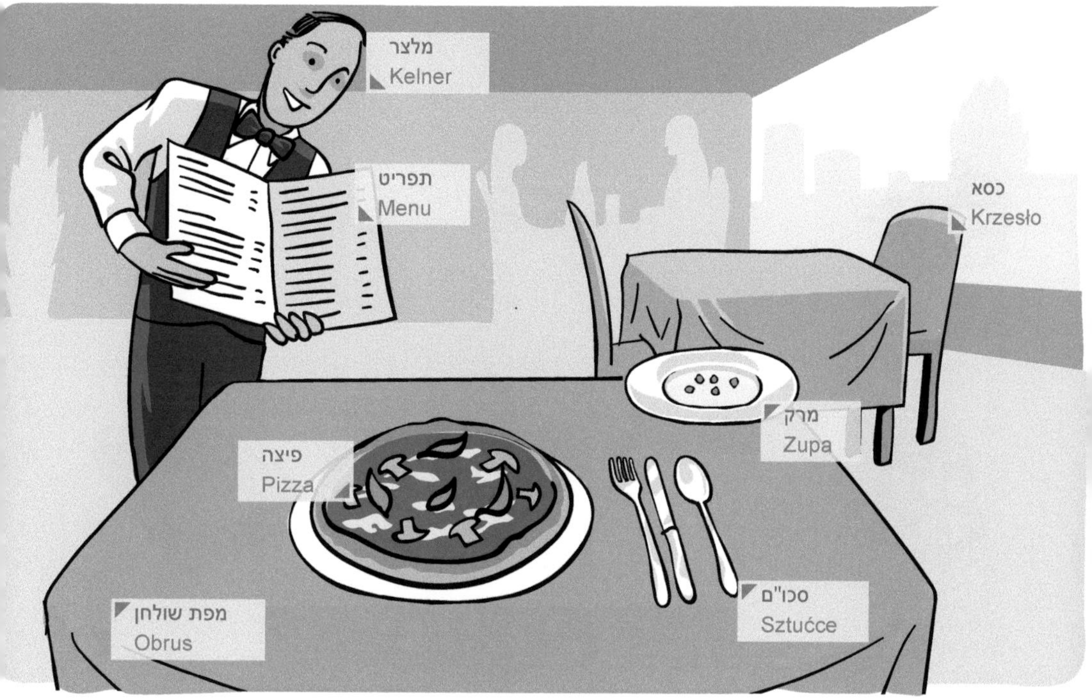
מלצר
Kelner
תפריט
Menu
כסא
Krzesło
מרק
Zupa
פיצה
Pizza
סכו"ם
Sztućce
מפת שולחן
Obrus

מנת פתיחה

Przystawka

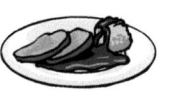

מנה עיקרית

Danie główne

קינוח

Deser

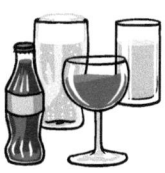

שתיות

Napoje

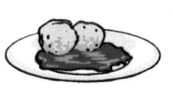

אוכל

Jedzenie

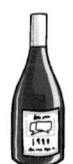

בקבוק

Butelka

מזון מהיר

Fastfood

אוכל רחוב

Streetfood

קנקן תה

Dzbanek na herbatę

מסכרת

Cukierniczka

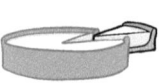

מנה

Porcja

מכונת אספרסו

Zaparzarka do espresso

כסא תינוק

Krzesło dla dziecka

חשבון

Rachunek

מגש

Taca

סכין

Nóż

מזלג

Widelec

כף

Łyżka

כפית

Łyżeczka

מפית

Serwetka

כוס

Szklanka

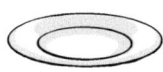

צלחת

Talerz

קערת מרק

Talerz do zupy

תחתית

Podstawek pod filiżankę

רוטב

Sos

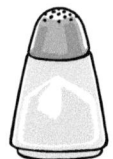

מלחייה

Solniczka

מטחנת פלפל

Młynek do pieprzu

חומץ

Ocet

שמן

Olej

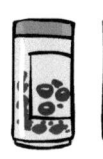 

תבלינים

Przyprawy

קטשופ

Keczup

חרדל

Musztarda

מיונז

Majonez

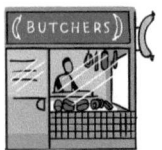

סופרמרקט
Supermarket

מבצע
Oferta
FOR
לקוח
Klient
מוצרי חלב
Produkty mleczne
פירות
Owoce
עגלת קניות
Wózek sklepowy

BUTCHERS

אטליז

Rzeźnia

BAKERY

מאפייה

Piekarnia

שקל

ważyć

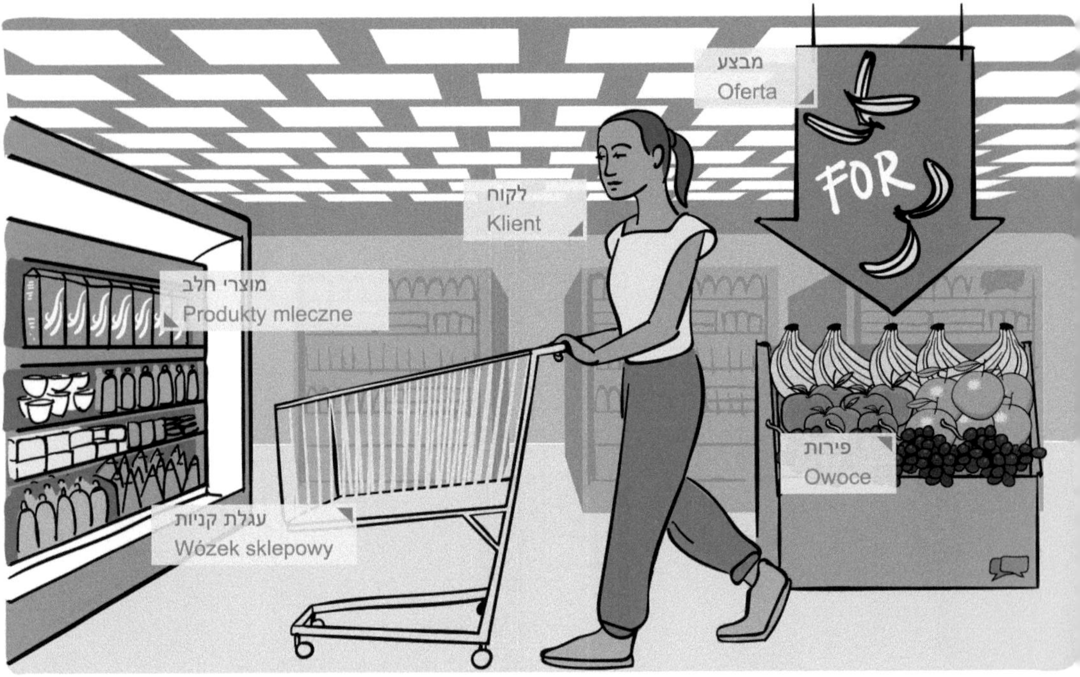

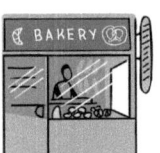

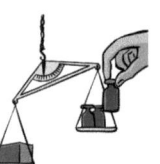

ירקות

Warzywa

בשר

Mięso

מזון קפוא

Mrożonki

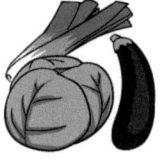

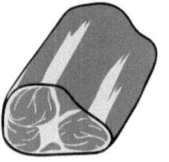

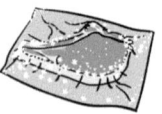

בשר קר

Wędliny

שימורים

Konserwy

אבקת כביסה

Proszek m do prania

ממתקים

Słodycze

מוצרי בית

Artykuły użytku domowego

חומר ניקוי

Środek czyszczący

מוכרת

Sprzedawczyni

קופה

Kasa

קופאי

Kasjer

רשימת קניות

Lista zakupów

שעות פתיחה

Godziny otwarcia

ארנק

Portfel

כרטיס אשראי

Karta kredytowa

תיק

Torba

שקית ניילון

Torebka plastikowa

מים
Woda

מיץ
Sok

חלב
Mleko

קולה
Cola

יין
Wino

בירה
Piwo

אלכוהול
Alkohol

קקאו
Kakao

תה
Herbata

קפה
Kawa

אספרסו
Espresso

קפוצ'ינו
Cappuccino

בננה

Banan

תפוח

Jabłko

תפוז

Pomarańcza

אבטיח

Arbuz

לימון

Cytryna

גזר

Marchew

שום

Czosnek

במבוק

Bambus

בצל

Cebula

פטריות

Grzyb

אגוזים

Orzechy

אטריות

Makaron

ספגטי

Spaghetti

אורז

Ryż

סלט

Sałatka

צ'יפס

Frytki

צ'יפס

Ziemniaki pieczone

פיצה

Pizza

המבורגר

Hamburger

כריך

Kanapka

שניצל

Sznycel

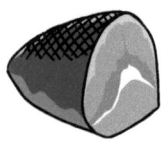

שינקין

Szynka

סלאמי

Salami

נקניקיה

Kiełbasa

עוף

Kura

טיגון

Pieczeń

דג

Ryba

שיבולת שועל

Płatki owsiane

מוזלי

Musli

קורנפלקס

Płatki kukurydziane

קמח

Mąka

קרואסון

Croissant

לחמנייה

Bułka

לחם

Chleb

טוסט

Toast

עוגיות

Ciastka

חמאה

Masło

גבינה לבנה

Twarożek

עוגה

Ciasto

ביצה

Jajko

ביצת עין

Jajko sadzone

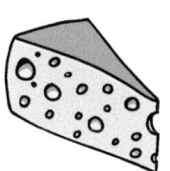

גבינה

Ser

גלידה

Lody

סוכר

Cukier

דבש

Miód

ריבה

Marmolada

ממרח נוגט

Krem nugatowy

קארי

Curry

חווה

Gospodarstwo chłopskie

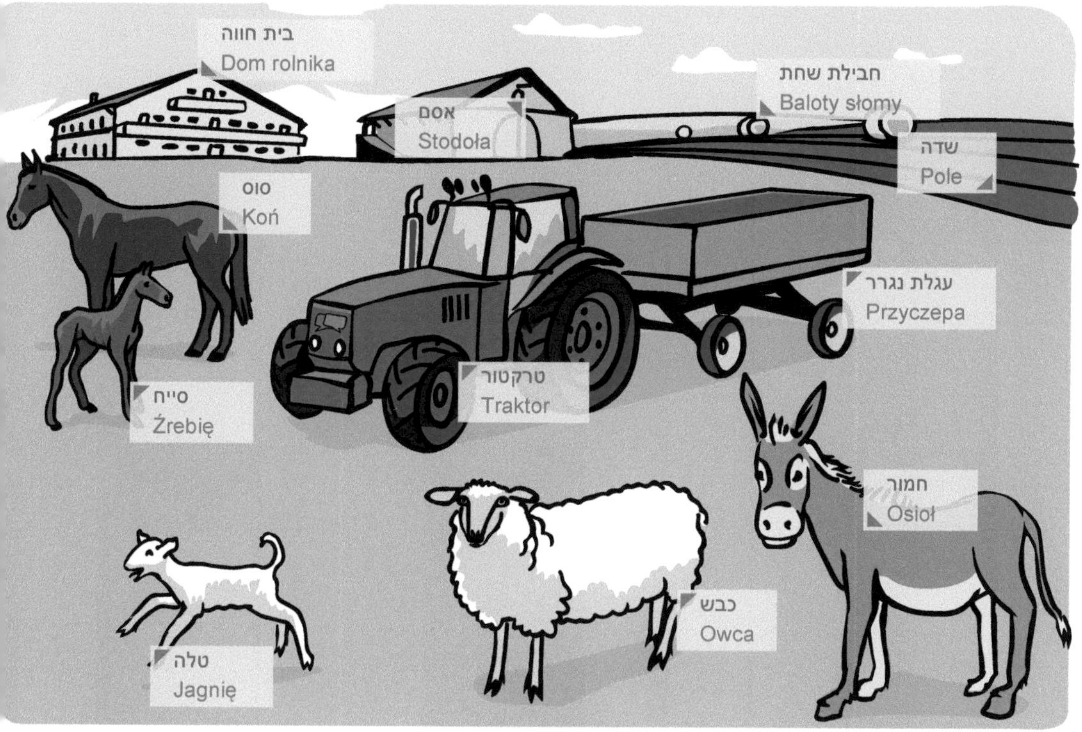
בית חווה
Dom rolnika
אסם
Stodoła
חבילת שחת
Baloty słomy
שדה
Pole
סוס
Koń
עגלת נגרר
Przyczepa
סייח
Źrebię
טרקטור
Traktor
חמור
Osioł
כבש
Owca
טלה
Jagnię

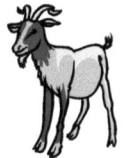

עז

Koza

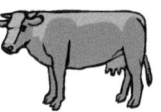

פרה

Krowa

עגל

Cielę

חזיר

Świnia

חזרזיר

Prosię

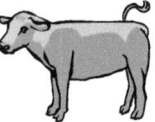

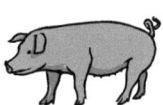

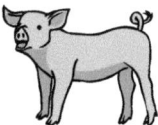

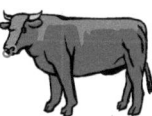

שור

Byk

אווז

Gęś

ברווז

Kaczka

אפרוח

Kurczątko

תרנגולת

Kura

תרנגול

Kogut

חולדה

Szczur

חתול

Kot

עכבר

Mysz

שור

Osioł

כלב

Pies

מלונה

Buda dla psa

צינור השקיה

Wąż ogrodowy

קנקן מים

Konewka

חרמש

Kosa

מחרשה

Pług

חווה - Gospodarstwo chłopskie

מגל

Sierp

מגרפה

Graca

קלשון

Widły

גרזן

Siekiera

מריצה

Taczka

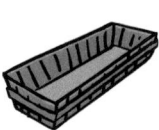

שוקת

Koryto

כד חלב

Kanka na mleko

שק

Worek

גדר

Płot

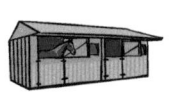

אורווה

Stajnia

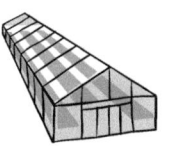

חממה

Szklarnia

אדמה

Ziemia

זרע

Nasiona

דשן

Nawóz

מקצרה

Kombajn zbożowy

קצר

zbierać

קציר

Żniwa

בטטה אפריקנית

Podchrzyn

חיטה

Pszenica

סויה

Soja

תפוח אדמה

Ziemniak

תירס

Kukurydza

קנולה

Rzepak

עץ פירות

Drzewo owocowe

קסבה

Maniok

דגנים

Zboże

בית
Dom

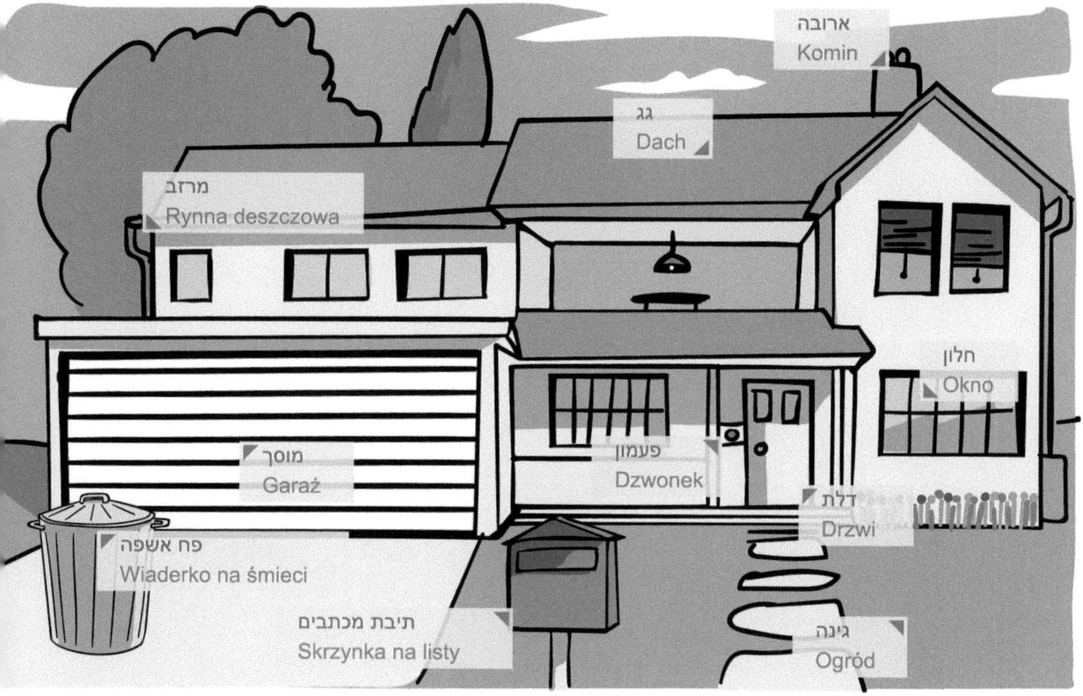
ארובה
Komin
גג
Dach
מרזב
Rynna deszczowa
חלון
Okno
מוסך
Garaż
פעמון
Dzwonek
דלת
Drzwi
פח אשפה
Wiaderko na śmieci
תיבת מכתבים
Skrzynka na listy
גינה
Ogród

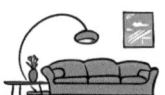

סלון

Pokój dzienny

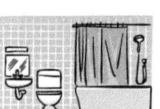

חדר אמבטיה

Łazienka

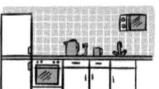

מטבח

Kuchnia

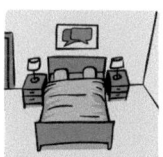

חדר שינה

Sypialnia

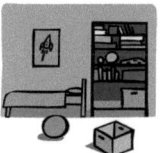

חדר ילדים

Pokój dziecięcy

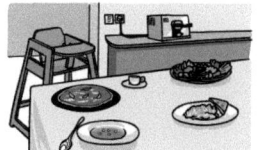

חדר אוכל

Jadalnia

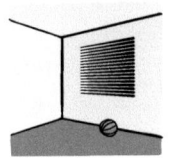

רצפה

Ziemia

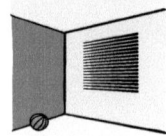

קיר

Ściana

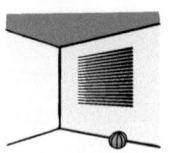

תקרה

Koc

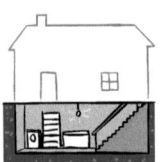

מרתף

Piwnica

סאונה

Sauna

מרפסת

Balkon

מרפסת

Taras

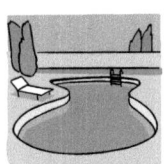

בריכה

Basen

מכסחת דשא

Kosiarka do trawy

סדין

Poszwa

כיסוי מיטה

Kołdra

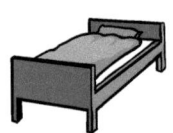

מיטה

Łóżko

מטאטא

Miotła

דלי

Wiadro

מפסק

Włącznik

סלון
Pokój dzienny

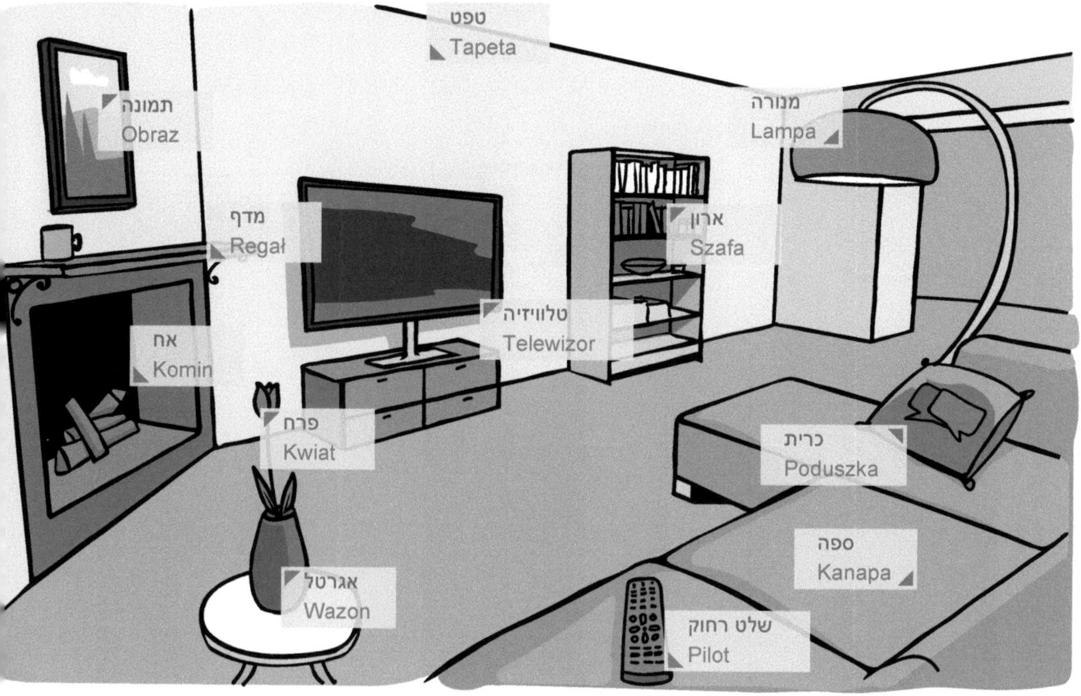

טפט
Tapeta
תמונה
Obraz
מנורה
Lampa
מדף
Regał
ארון
Szafa
טלוויזיה
Telewizor
אח
Komin
פרח
Kwiat
כרית
Poduszka
ספה
Kanapa
אגרטל
Wazon
שלט רחוק
Pilot

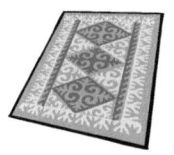

שטיח

Dywan

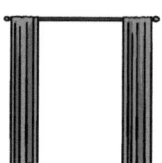

וילון

Zasłona

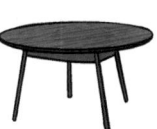

שולחן

Stół

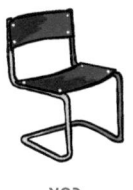

כסא

Krzesło

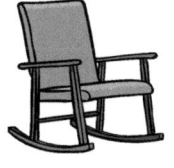

כיסא נדנדה

Bujak

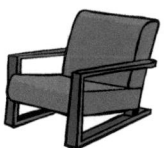

כורסה

Fotel

ספר

Książka

שמיכה

Sufit

דקורציה

Dekoracja

עצי הסקה

Drewno kominkowe

סרט

Film

מערכת סטריאו

Instalacja stereo

מפתח

Klucz

עיתון

Gazeta

ציור

Malunek

פוסטר

Plakat

רדיו

Radio

מחברת

Notatnik

שואב אבק

Odkurzacz

קקטוס

Kaktus

נר

Świeczka

מטבח
Kuchnia

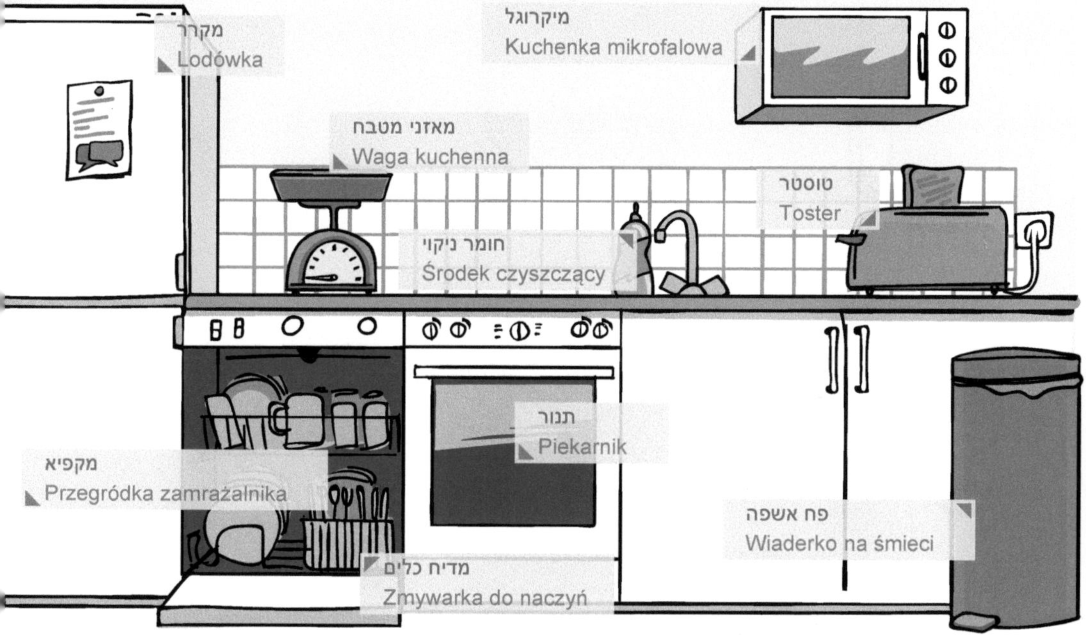
מקרר
Lodówka
מיקרוגל
Kuchenka mikrofalowa
מאזני מטבח
Waga kuchenna
טוסטר
Toster
חומר ניקוי
Środek czyszczący
תנור
Piekarnik
מקפיא
Przegródka zamrażalnika
פח אשפה
Wiaderko na śmieci
מדיח כלים
Zmywarka do naczyń

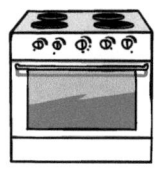

תנור

Kuchenka

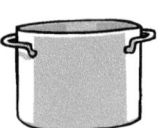

סיר

Garnek

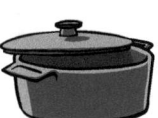

סיר ברזל

Kocioł żeliwny

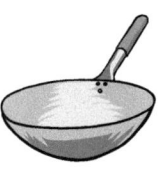

ווק

Wok / Kadai

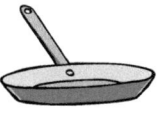

מחבת

Patelnia

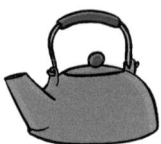

קומקום חשמלי

Czajnik

מאדה

Parowar

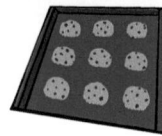

מגש אפייה

Blacha do pieczenia

כלי אוכל

Naczynia kuchenne

ספל

Kubek

קערה

Miska

צ'ופסטיקס

Pałeczki

מצקת

Nabierka

מרית

Łopatka do smażenia

מטרפה

Trzepaczka do śmietany

מסננת בישול

Cedzak

מסננת

Sitko

מגרדת

Tarka

מכתש

Moździerz

גריל

Grillowanie

מדורה

Palenisko

קרש חיתוך

Deska

מערוך

Wałek do ciasta

פותחן פקקים

Korkociąg

פחית

Puszka

פותחן קופסאות

Otwieracz do puszek

מטלית

Ściereczka do trzymania garnka

כיור

Umywalka

מברשת

Szczotka

ספוג

Gąbka

בלנדר

Mikser

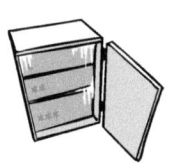

מקפיא

Zamrażarka

בקבוק לתינוק

Butelka dla niemowlęcia

ברז

Kran

חדר אמבטיה
Łazienka

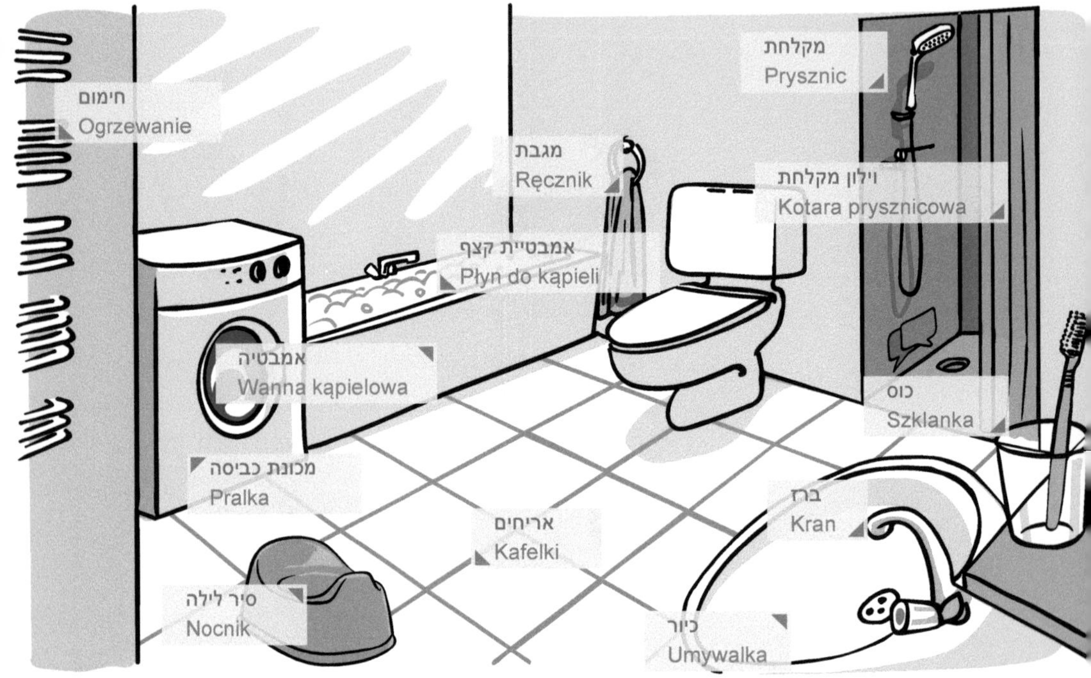
מקלחת
Prysznic
חימום
Ogrzewanie
מגבת
Ręcznik
וילון מקלחת
Kotara prysznicowa
אמבטיית קצף
Płyn do kąpieli
אמבטיה
Wanna kąpielowa
כוס
Szklanka
מכונת כביסה
Pralka
ברז
Kran
אריחים
Kafelki
סיר לילה
Nocnik
כיור
Umywalka

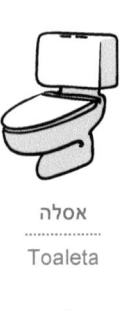

אסלה
Toaleta

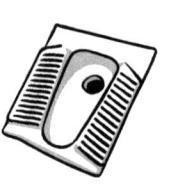

אסלת כריעה
Toaleta kuczna

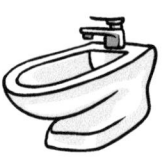

בידה
Bidet

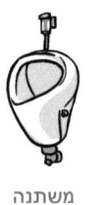

משתנה
Pisuar

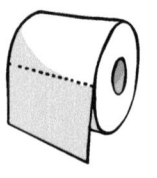

נייר טואלט
Papier toaletowy

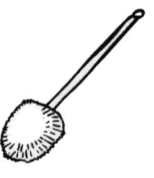

מברשת אסלה
Szczotka toaletowa

מברשת שיניים

Szczoteczka do zębów

משחת שיניים

Pasta do zębów

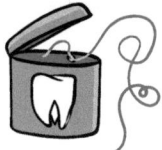

חוט דנטלי

Nitki do czyszczenia zębów

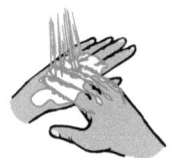

שטף

myć

מקלחת יד

Głowica prysznicowa

צינור שטיפה לשירותים

Płyn kąpielowy do higieny
intymnej

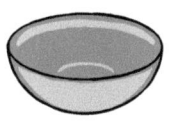

קערת רחצה

Miska do mycia

מברשת גב

Szczotka kąpielowa

סבון

Mydło

ג'ל רחצה

Żel prysznicowy

שמפו

Szampon

ליפה

Rękawica kąpielowa

ניקוז

Odpływ

קרם

Krem

דיאודרנט

Dezodorant

מראה

Lustro

מראת יד

Lustro kosmetyczne

סכין גילוח

Golarka

קצף גילוח

Pianka do golenia

אפטרשייב

Woda po goleniu

מסרק

Grzebień

מברשת

Szczotka

מייבש שיער

Suszarka do włosów

ספריי לשיער

Spray do włosów

איפור

Makijaż

שפתון

Pomadka

לק

Lakier do paznokci

צמר גפן

Wata

מספריים לציפורניים

Nożyczki do paznokci

בושם

Perfum

תיק כלי רחצה

Kosmetyczka

שרפרף

Taboret

משקל

Waga

חלוק רחצה

Szlafrok kąpielowy

כפפות גומי

Rękawice gumowe

טמפון

Tampon

תחבושת סניטרית

Podpaska damska

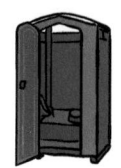

שירותים כימיקליים

Toaleta chemiczna

חדר ילדים
Pokój dziecięcy

שעון מעורר
Budzik
צעצוע חיבוק
Pluszowa przytulanka
מכונית צעצוע
Samochodzik
רעשן
Grzechotka
בית בובות
Domek dla lalek
מתנה
Prezent

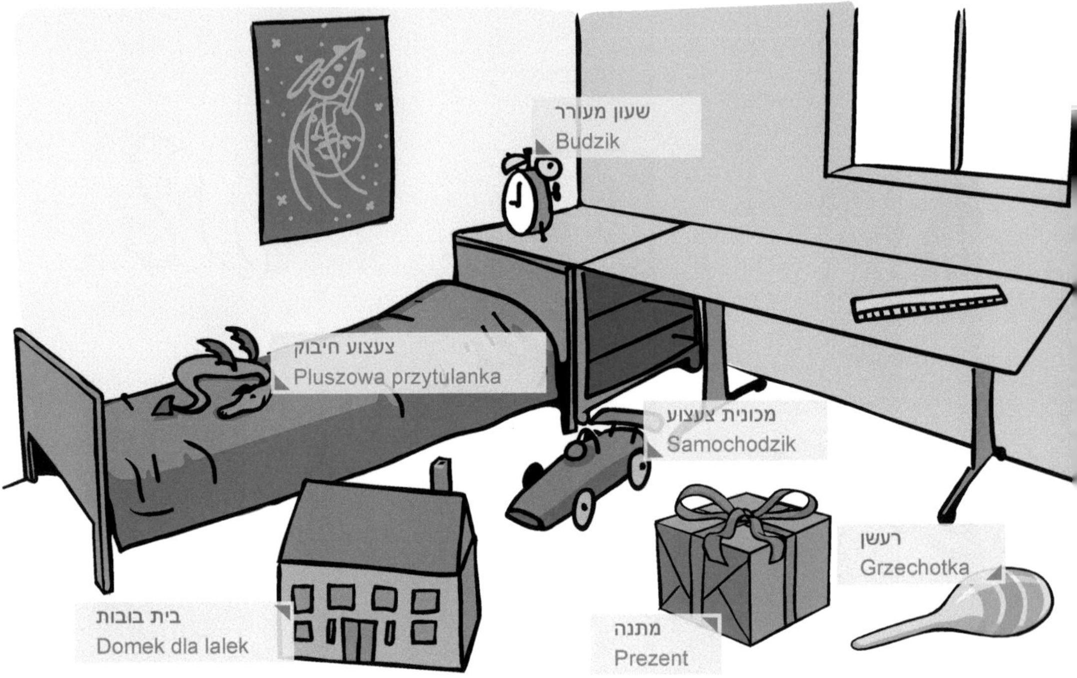

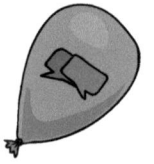

בלון

Balon

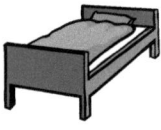

מיטה

Łóżko

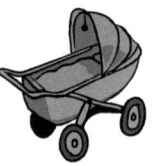

עגלה

Wózek dziecięcy

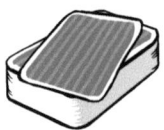

משחק קלפים

Gra w karty

פאזל

Puzzle

SUPER
MEGA

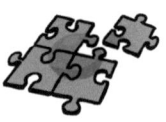

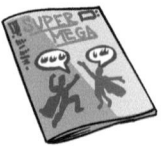

קומיקס

Komiks

לגו

Klocki lego

קוביות משחק

Klocki

דמות משחק

Action figura

סרבל תינוקות

Śpioszek dziecięcy

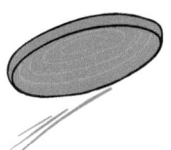

פריזבי

Frisbee

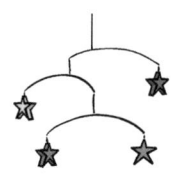

נייד

Zabawki ruchome

משחק לוח

Gra planszowa

קוביה

Kości

רכבת צעצוע

Kolejka elektryczna

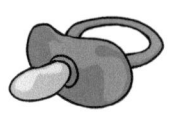

מוצץ

Smoczek

מסיבה

Przyjęcie

אלבום תמונות

Książka z ilustracjami

כדור

Piłka

בובה

Lalka

שיחק

bawić się

ארגז חול

Piaskownica

נדנדה

Huśtawka

צעצועים

Zabawki

קונסולת משחקים

Konsola do gier

אופניים תלת גלגלי

Rowerek trójkołowy

דובון

Pluszowy miś

ארון בגדים

Szafa ubraniowa

בגדים

Ubiór

גרביים

Skarpety

גרביונים

Pończochy

גרביון

Rajstopy

צעיף
Szal

חגורה
Pasek

מטריה
Parasol

חולצת טי
T-Shirt

נעלי ספורט
Obuwie sportowe

מגפיים
Kozaki

נעלי בית
Pantofle domowe

סנדלים
Sandały

נעליים
Buty

מגפי גומי
Kalosze

תחתונים
Majtki

חזייה
Biustonosz

וסט
Podkoszulek

גוף

Body

מכנסיים

Spodnie

ג'ינס

Dżins

חצאית

Spódnica

חולצה מכופתרת

Bluzka

חולצה

Koszula

אפודה

Pulower

סווצ'ר עם קפוצ'ון

Bluza sportowa

בלייזר

Marynarka

ז'קט

Kurtka

מעיל

Płaszcz

מעיל גשם

Płaszcz przeciwdeszczowy

תלבושת

Kostium

שמלה

Sukienka

שמלת כלה

Suknia ślubna

חליפה

Garnitur męski

כותונת לילה

Koszula nocna

פיג'מה

Piżama

סארי

Sari

מטפחת ראש

Chusta na głowę

טורבן

Turban

בורקה

Burka

קאפטן

Kaftan

עבאיה

Abaya

בגד ים

Strój kąpielowy

בגד ים

Kąpielówki

מכנסיים קצרים

Krótkie spodnie

בגד אימון

Dres sportowy

סינר

Fartuch

כפפות

Rękawiczki

כפתור

Guzik

משקפיים

Okulary

צמיד יד

Bransoletka

שרשרת

Łańcuszek

טבעת

Pierścionek

עגיל

Kolczyk

כובע

Czapka

קולב

Wieszak

כובע

Kapelusz

עניבה

Krawat

רוכסן

Zamek błyskawiczny

קסדה

Kask

כתפיות

Szelki

תלבושת בית ספר

Mundurek szkolny

מדים

Mundur

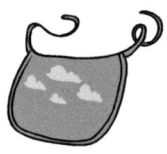

מפית אוכל

Śliniaczek

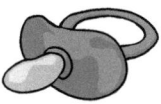

מוצץ

Smoczek

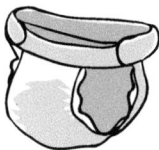

חיתול

Pieluszka

משרד

Biuro

שרת
Serwer
תיקייה
Szafa na akta
מדפסת
Drukarka
נייר
Papier
מסך
Monitor
שולחן עבודה
Biurko
עכבר
Mysz
תיק
Segregator
מקלדת
Klawiatura
סל נייר
Kosz na odpadki
מחשב
Komputer
כסא
Krzesło

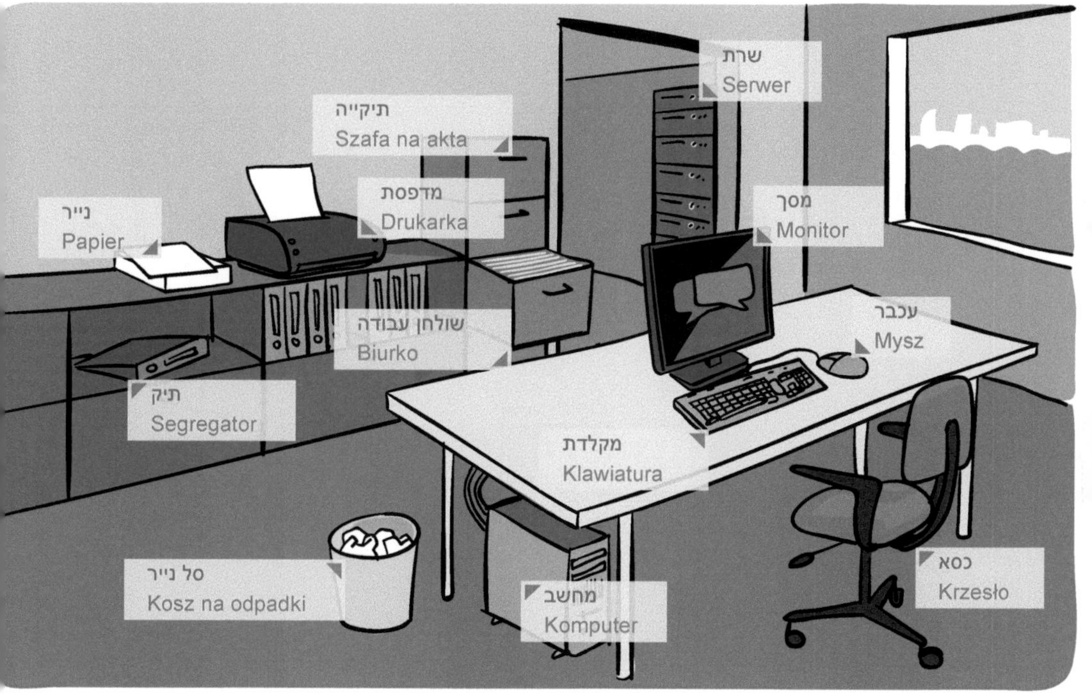

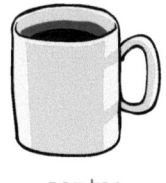

ספל קפה

Filiżanka do kawy

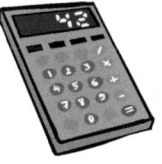

מחשבון

Kalkulator

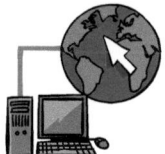

אינטרנט

Internet

מחשב נייד

Laptop

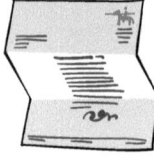

מכתב

List

הודעה

Wiadomość

נייד

Komórka

רשת

Sieć

מכונת צילום

Kopiarka

תוכנה

Oprogramowanie

טלפון

Telefon

שקע

Gniazdko

פקס

Faks

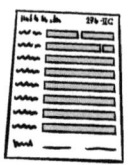

טופס

Formularz

מסמך

Dokument

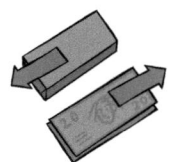

קנה

kupić

שילם

płacić

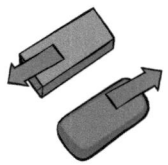

סחר

postępować

כסף

Pieniądze

דולר

Dolar

יורו

Euro

יין

Jen

רובל

Rubel

פרנק שווייצרי

Frank

יואן רנמינבי

Juan Renminbi

רופי

Rupia

כספומט

Bankomat

המרת מטבע

Kantor wymiany walut

זהב

Złoto

כסף

Srebro

נפט

Olej

אנרגיה

Energia

מחיר

Cena

חוזה

Umowa

מס

Podatek

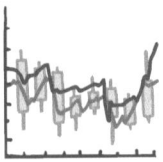

מנייה

Akcja

עבד

pracować

עובד

Pracownik umysłowy

מעסיק

Pracodawca

מפעל

Fabryka

חנות

Sklep

מקצועות
Zawody

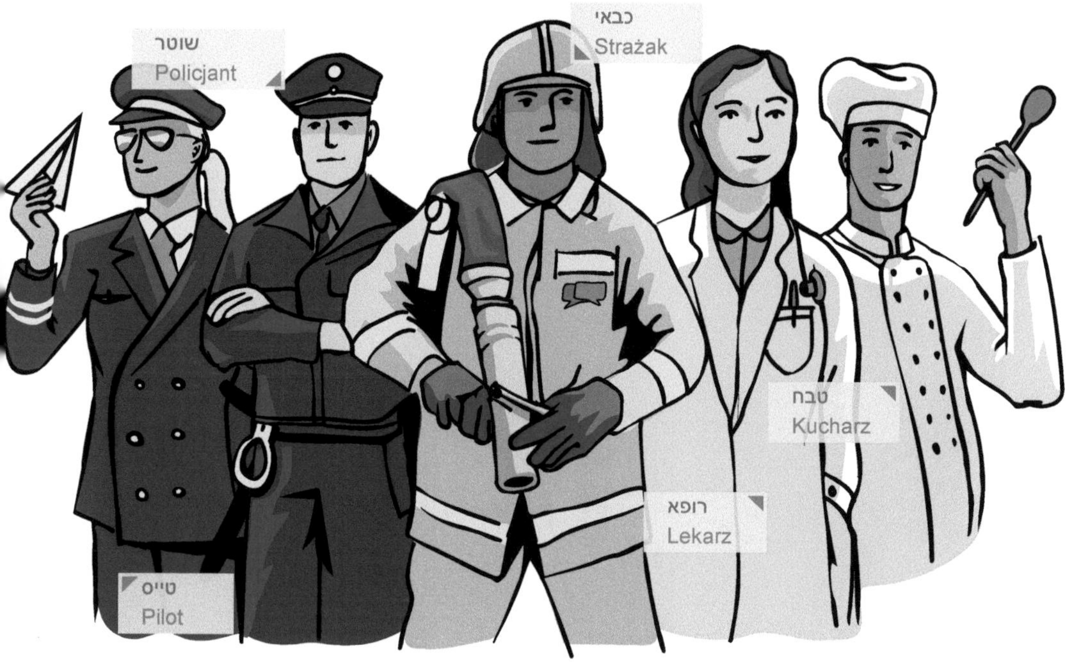
שוטר
Policjant
כבאי
Strażak
טבח
Kucharz
רופא
Lekarz
טייס
Pilot

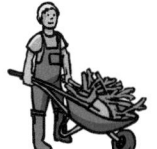

גנן

Ogrodnik

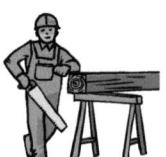

נגר

Stolarz

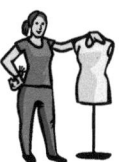

תופרת

Krawcowa

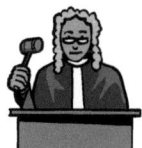

שופט

Sędzia

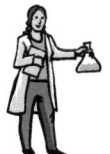

כימאי

Chemik

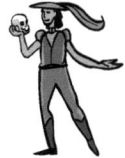

שחקן

Aktor

נהג אוטובוס

Kierowca autobusu

נהג מונית

Taksówkarz

דייג

Fischer

עובדת נקיון

Sprzątaczka

מתקן גגות

Dekarz

מלצר

Kelner

צייד

Myśliwy

צייר

Malarz

אופה

Piekarz

חשמלאי

Elektryk

עובד בניין

Robotnik budowlany

מהנדס

Inżynier

קצב

Rzeźnik

אינסטלטור

Instalator

דוור

Listonosz

חייל

Żołnierz

אדריכל

Architekt

קופאי

Kasjer

מוכר פרחים

Florysta

ספר

Fryzjer

כרטיסן

Konduktor

מכונאי

Mechanik

קברניט

Kapitan

רופא שיניים

Dentysta

מדען

Naukowiec

רב

Rabin

אימאם

Imam

נזיר

Mnich

כומר

Proboszcz

כלי עבודה

Narzędzia

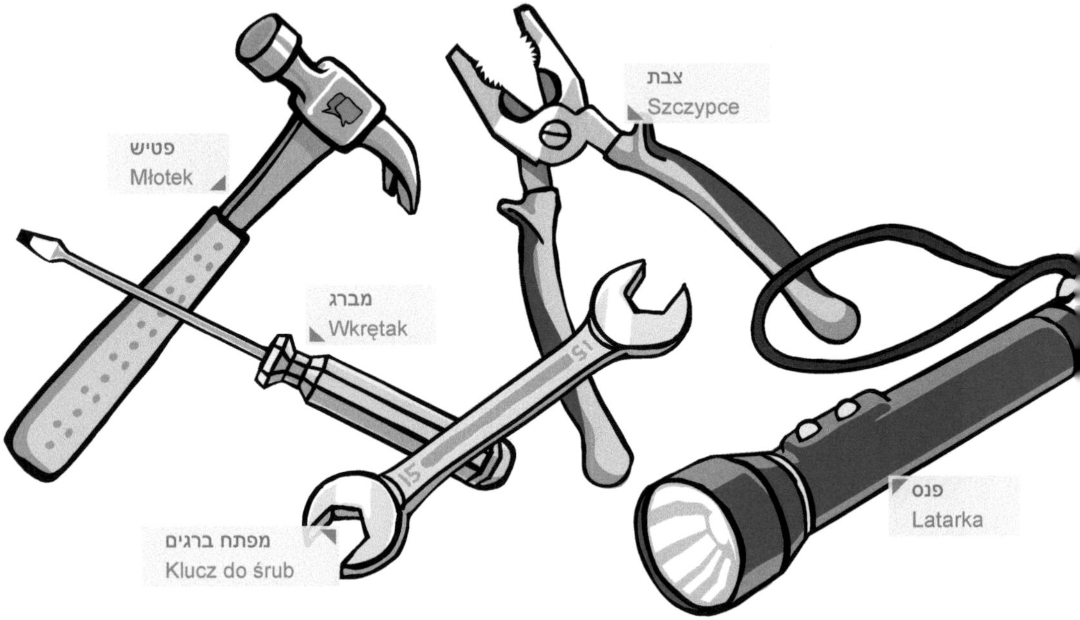

צבת
Szczypce
פטיש
Młotek
מברג
Wkrętak
פנס
Latarka
מפתח ברגים
Klucz do śrub

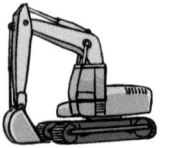

דחפור

Koparka

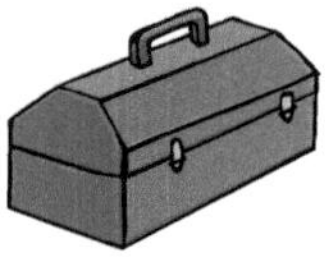

ארגז כלים

Skrzynka narzędziowa

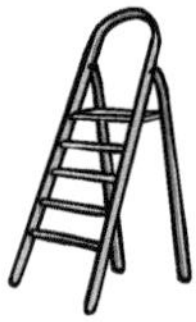

סולם

Drabina

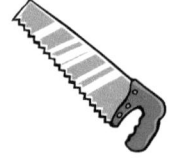

מסור

Piła

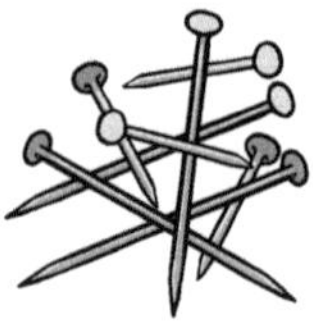

מסמרים

Gwoździe

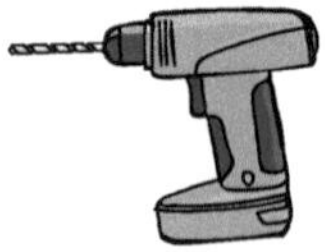

מקדחה

Wiertło

תיקון
naprawić

את חפירה
Łopatka

לעזאזל!
Cholera!

יעה
Szufelka

פח צבע
Puszka z farbą

ברגים
Śruby

כלי נגינה

Instrumenty muzyczne

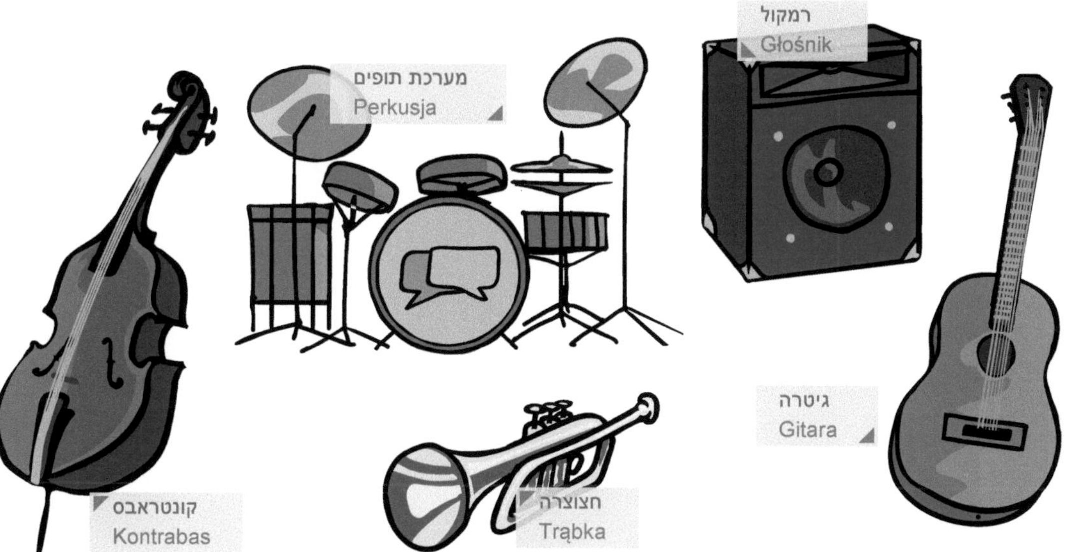

רמקול
Głośnik

מערכת תופים
Perkusja

גיטרה
Gitara

קונטרבס
Kontrabas

חצוצרה
Trąbka

פסנתר

Pianino

כינור

Skrzypce

בס

Bas

תוף הדוד

Kotły

תופים

Bęben

מקלדת פסנתר

Keyboard

סקסופון

Saksofon

חליל

Flet

מיקרופון

Mikrofon

גן חיות
Zoo

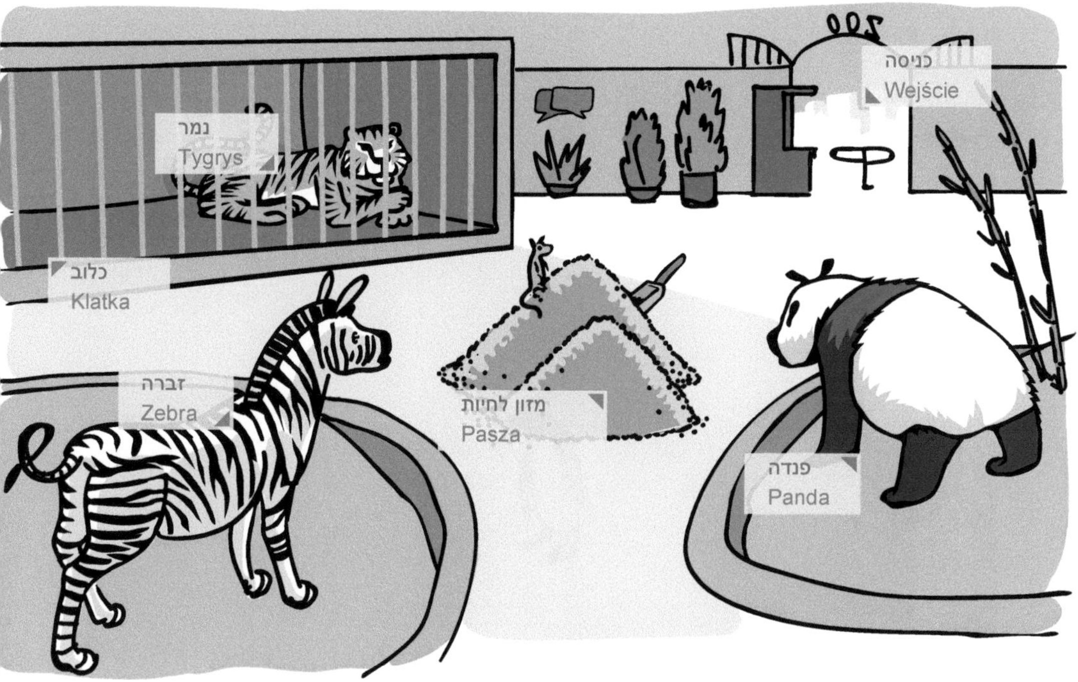
כניסה
Wejście
נמר
Tygrys
כלוב
Klatka
זברה
Zebra
מזון לחיות
Pasza
פנדה
Panda

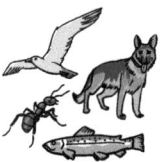

בעלי חיים

Zwierzęta

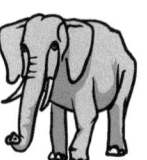

פיל

Słoń

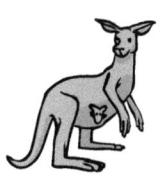

קנגרו

Kangur

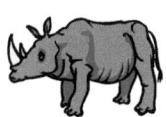

קרנף

Nosorożec

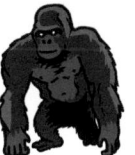

גורילה

Goryl

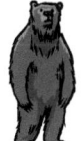

דוב

Niedźwiedź

גמל

Wielbłąd

יען

Struś

אריה

Lew

קוף

Małpa

פלמינגו

Fleming

תוכי

Papuga

דוב הקרח

Niedźwiedź polarny

פינגווין

Pingwin

כריש

Rekin

טווס

Paw

נחש

Wąż

תנין

Krokodyl

שומר גן החיות

Dozorca w zoo

כלב ים

Foka

יגואר

Jaguar

סוס פוני

Kucyk

לאופרד

Gepard

היפופוטאם

Hipopotam

ג'ירפה

Żyrafa

נשר

Orzeł

חזיר בר

Dzik

דג

Ryba

צב

Żółw

סוס ים

Mors

שועל

Lis

איילה

Gazela

פוטבול אמריקאי
Futbol amerykański

רכיבת אופניים
Kolarstwo

טניס
Tenis

כדורסל
Koszykówka

שחיה
Pływanie

אגרוף
Boks

הוקי
Hokej na lodzie

כדורגל
Piłka nożna

בדמינטון
Badminton

אתלטיקה
Lekka atletyka

כדור-יד
Piłka ręczna

עשה סקי
Narciarstwo

פולו
Polo

קפץ
skakać

חיבק
objąć

צחק
śmiać się

הלך
iść

שר
śpiewać

התפלל
modlić się

נשק
całować

חלם
marzyć

כתב
pisać

צייר
rysować

הראה
pokazywać

דחף
nacisnąć

נתן
dać

לקח
wziąć

יש / להיות הבעלים

mieć

עשה

robić

היה

być

עמד

stać

רץ

biegać

משך

ciągnąć

זרק

rzucać

נפל

spaść

שכב

leżeć

חיכה

czekać

סחב

nosić

ישב

siedzieć

התלבש

zakładać

ישן

spać

התעורר

budzić się

הסתכל ב-

spojrzeć

בכה

płakać

ליטף

głaskać

סירק

czesać się

דיבר

mówić

הבין

rozumieć

שאל

pytać

שמע

słyszeć

שתה

pić

אכל

jeść

סידר

sprzątać

אהב

kochać

בישל

gotować

נהג

jechać

עף

latać

שט

żeglować

חישב

liczyć

קרא

czytać

למד

uczyć się

עבד

pracować

התחתן

wejść w związek małżeński

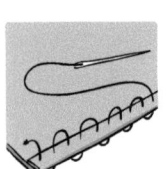

תפר

szyć

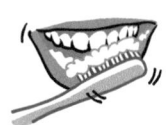

ציחצח שיניים

myć zęby

הרג

zabić

עישן

palić tytoń

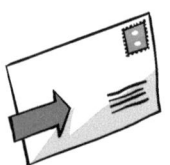

שלח

wysłać

משפחה
Rodzina

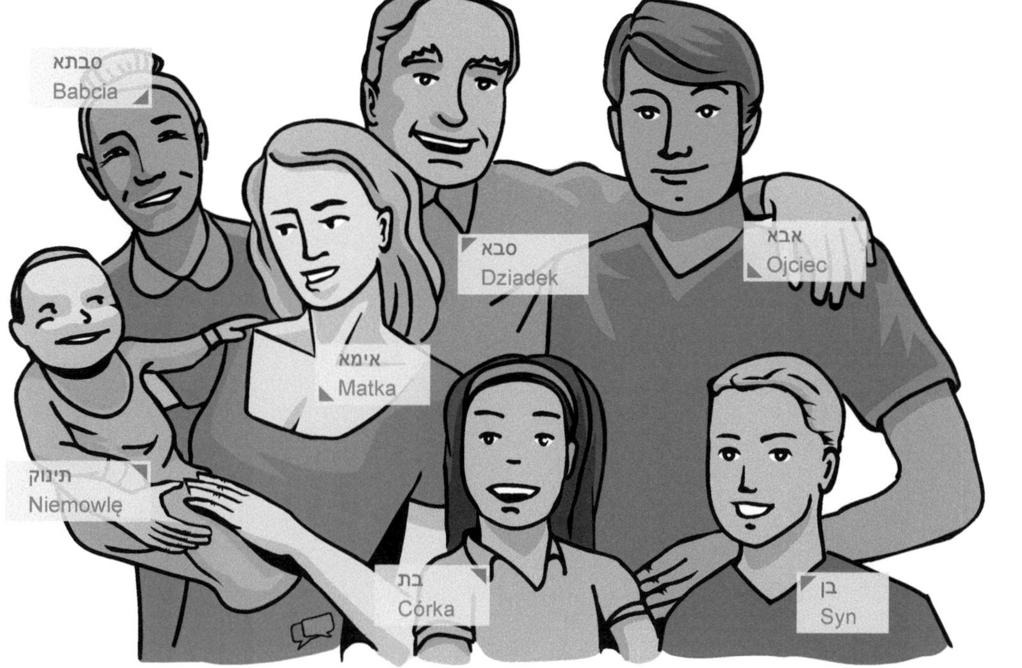

סבתא
Babcia
סבא
Dziadek
אבא
Ojciec
אימא
Matka
תינוק
Niemowlę
בת
Córka
בן
Syn

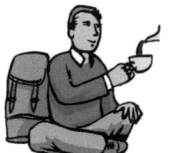

אורח

Gość

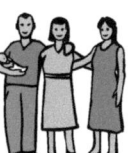

דודה

Ciotka

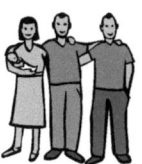

דוד

Wujek

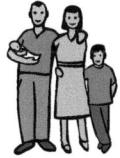

אח

Brat

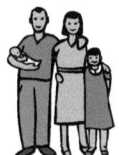

אחות

Siostra

גוף

Ciało

מצח
Czoło
עין
Oko
כתף
Ramię
אצבע
Palec
פנים
Twarz
סנטר
Broda
כף יד
Ręka
רגל
Noga
חזה
Pierś
זרוע
Ramię

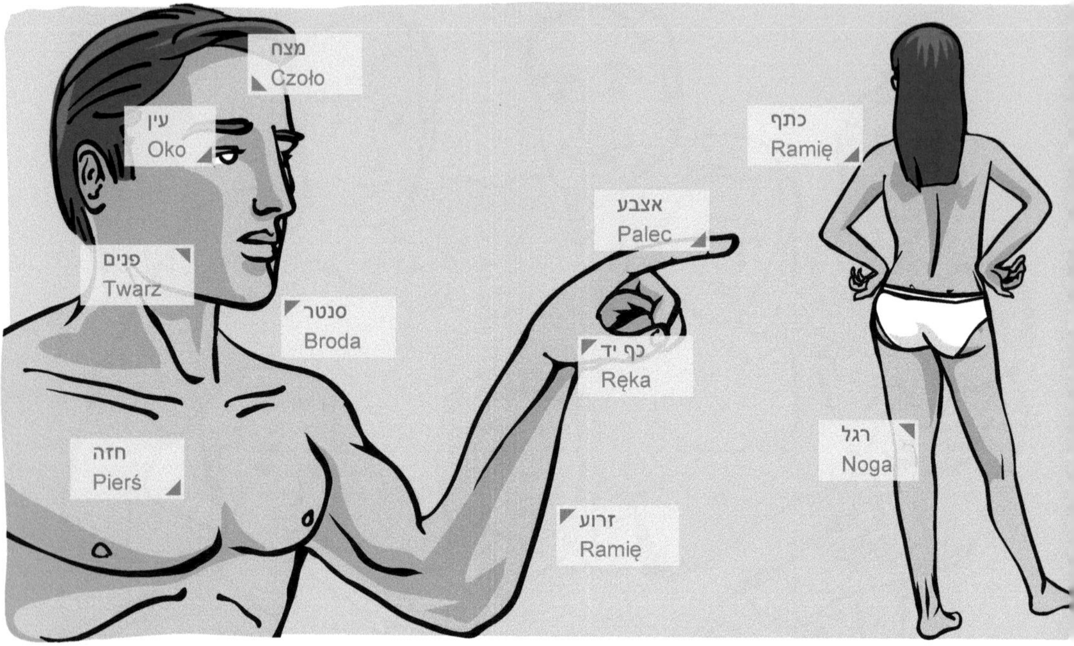

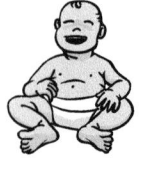

תינוק

Niemowlę

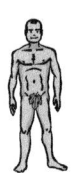

איש

Mężczyzna

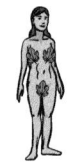

אישה

Kobieta

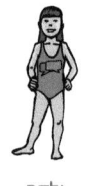

ילדה

Dziewczyna

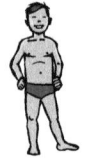

ילד

Chłopiec

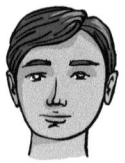

ראש

Głowa

גב
Plecy

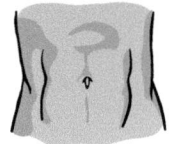

בטן
Brzuch

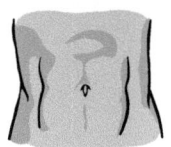

טבור
Pępek

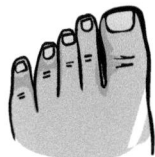

אצבע
palec nogi

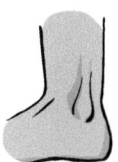

עקב
Pięta

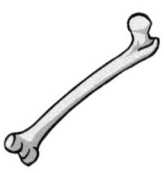

עצם
Kość

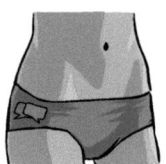

ירך
Biodro

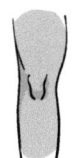

ברך
Kolano

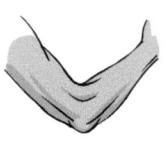

מרפק
Łokieć

אף
Nos

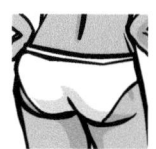

עכוז
Pośladki

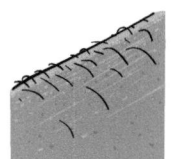

עור
Skóra

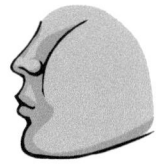

לחי
Policzek

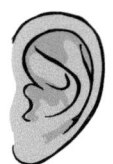

אוזן
Uszy

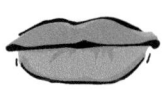

שפתיים
Warga

פה
Usta

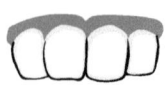

שן
Ząb

לשון
Język

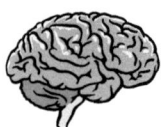

מוח
Mózg

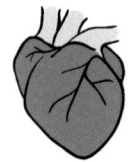

לב
Serce

שריר
Mięsień

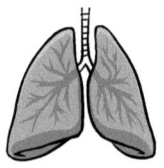

ריאה
Płuca

כבד
Wątroba

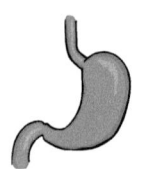

קיבה
Żołądek

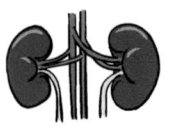

כליות
Nerki

מין
Stosunek płciowy

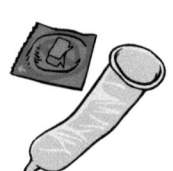

קונדום
Kondom

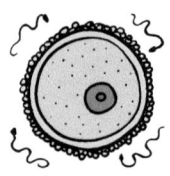

ביצית
Komórka jajowa

זרע
Sperma

הריון
Ciąża

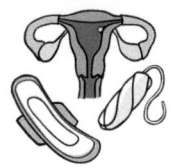

ווסת

Menstruacja

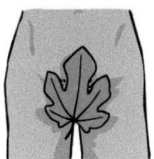

נרתיק

Wagina

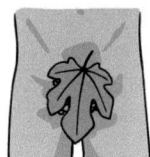

פין

Penis

גבה

Brew

שיער

Włosy

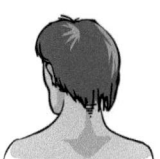

צוואר

Szyja

בית חולים
Szpital

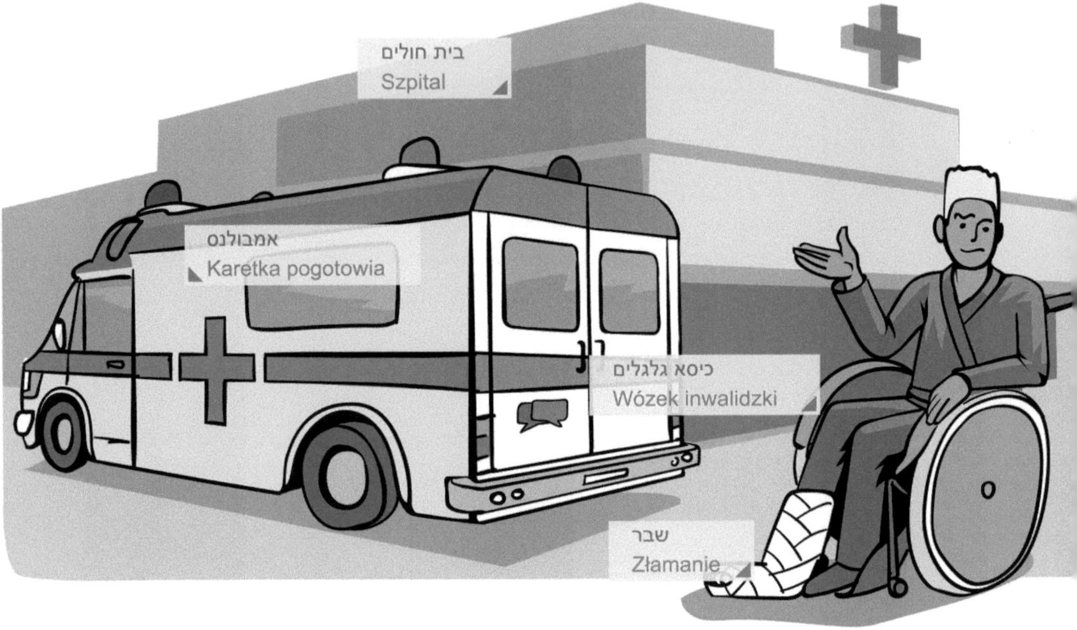

בית חולים
Szpital
אמבולנס
Karetka pogotowia
כיסא גלגלים
Wózek inwalidzki
שבר
Złamanie

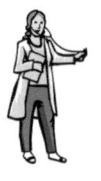

רופא

Lekarz

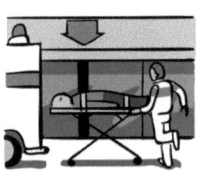

חדר מיון

Izba przyjęć

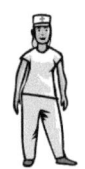

אחות

Pielęgniarka

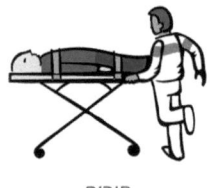

חירום

Nagły przypadek

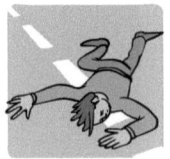

חסר הכרה

nieprzytomny

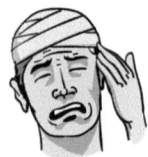

כאב

Ból

פציעה
....
Skaleczenie

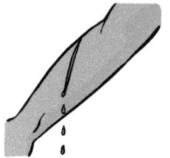

דימום
....
Krwawienie

התקף לב
....
Zawał serca

שבץ
....
Udar mózgu

אלרגיה
....
Alergia

שיעול
....
Kaszleć

חום
....
Gorączka

שפעת
....
Grypa

שלשול
....
Biegunka

כאב ראש
....
Ból głowy

סרטן
....
Rak

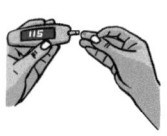

סוכרת
....
Cukrzyca

מנתח
....
Chirurg

אזמל
....
Skalpel

ניתוח
....
Operacja

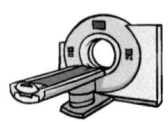

סי-טי

CT

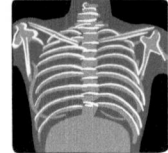

רנטגן

Rentgen

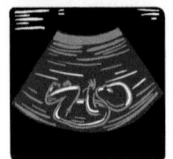

אולטרסאונד

Ultradźwięki

מסיכת פנים

Maska

מחלה

Choroba

חדר המתנה

Poczekalnia

קבה

Kula

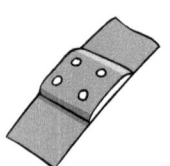

פלסטר

Plaster

תחבושת

Opatrunek

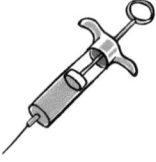

זריקה

Iniekcja

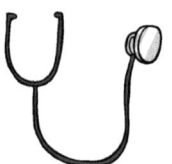

סטטוסקופ

Stetoskop

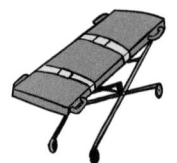

אלונקה

Nosze

מד חום

Termometr

לידה

Poród

עודף משקל

Nadwaga

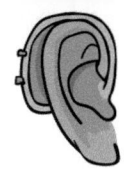

מכשיר שמיעה

Aparat słuchowy

מחטא

Środek dezynfekcyjny

זיהום

Infekcja

נגיף

Wirus

איידס

HIV / AIDS

תרופה

Medycyna

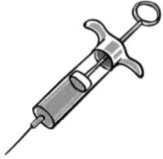

חיסון

Szczepienie

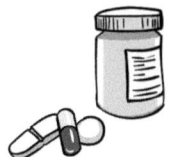

טבליות

Tabletki

גלולה

Pigułka

קריאת חירום

Telefon ratunkowy

מד לחץ דם

Ciśnieniomierz krwi

חולה / בריא

chory / zdrowy

Nagły przypadek

הצילו!
Pomocy!

אזעקה
Alarm

פשיטה
Napad

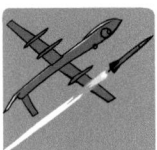

תקיפה
Atak

סכנה
Niebezpieczeństwo

יציאת חירום
Wyjście awaryjne

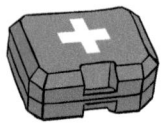

אש!
Pożar!

מטף כיבוי
Gaśnica

תאונה
Wypadek

ערכת עזרה ראשונה
Walizeczka pierwszej
pomocy

הצילו!
SOS

משטרה
Policja

אירופה

Europa

צפון אמריקה

Ameryka Północna

דרום אמריקה

Ameryka Południowa

אפריקה

Afryka

אסיה

Azja

אוסטרליה

Australia

האוקיינוס האטלנטי

Atlantyk

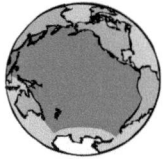

האוקיינוס השקט

Pacyfik

האוקיינוס ההודי

Ocean Indyjski

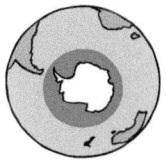

האוקיינוס האנטרקטי

Ocean Antarktyczny

האוקיינוס הארקטי

Ocean Arktyczny

הקוטב הצפוני

Biegun północny

הקוטב הדרומי

Biegun południowy

אנטארקטיקה

Antarktyda

כדור הארץ

Ziemia

אדמה

Kraj

ים

Morze

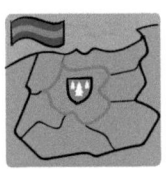

אי

Wyspa

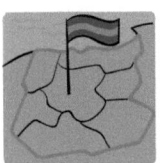

לאום

Naród

מדינה

Państwo

פני השעון

Cyferblat

מחוג השעות

Wskazówka godzinowa

מחוג הדקות

Wskazówka minutowa

מחוג השניות

Wskazówka sekundowa

מה השעה?

Która godzina?

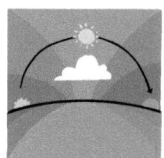

יום

Dzień

זמן

Czas

עכשיו

teraz

שעון דיגיטלי

Zegarek digitalny

דקה

Minuta

שעה

Godzina

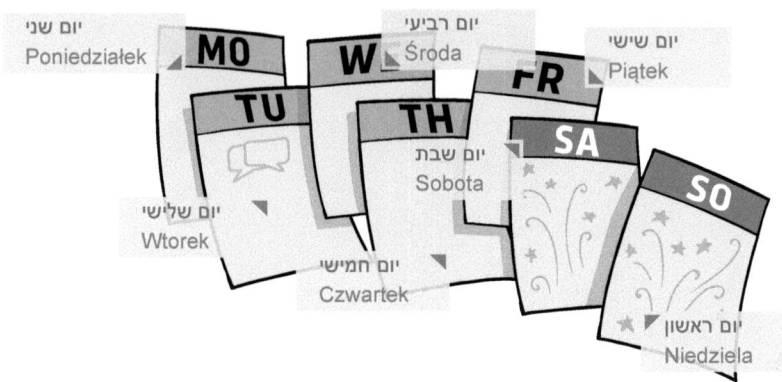

יום שני
Poniedziałek

יום רביעי
Środa

יום שישי
Piątek

יום שלישי
Wtorek

יום חמישי
Czwartek

יום שבת
Sobota

יום ראשון
Niedziela

אתמול
wczoraj

היום
dzisiaj

מחר
jutro

בוקר
Rano

צהריים
Południe

ערב
Wieczór

ימי עבודה
Dni robocze

סוף שבוע
Weekend

גשם
▶ Deszcz

קשת בענן
▶ Tęcza

רוח
▶ Wiatr

שלג
▶ Śnieg

אביב
Wiosna

סתיו
Jesień

ק״ץ
Lato

חורף -
Zima

4.APRIL	11°	☀
5.APRIL	4°	☁
6.APRIL	13°	⛅
7.APRIL	8°	☀
8.APRIL	10°	☀

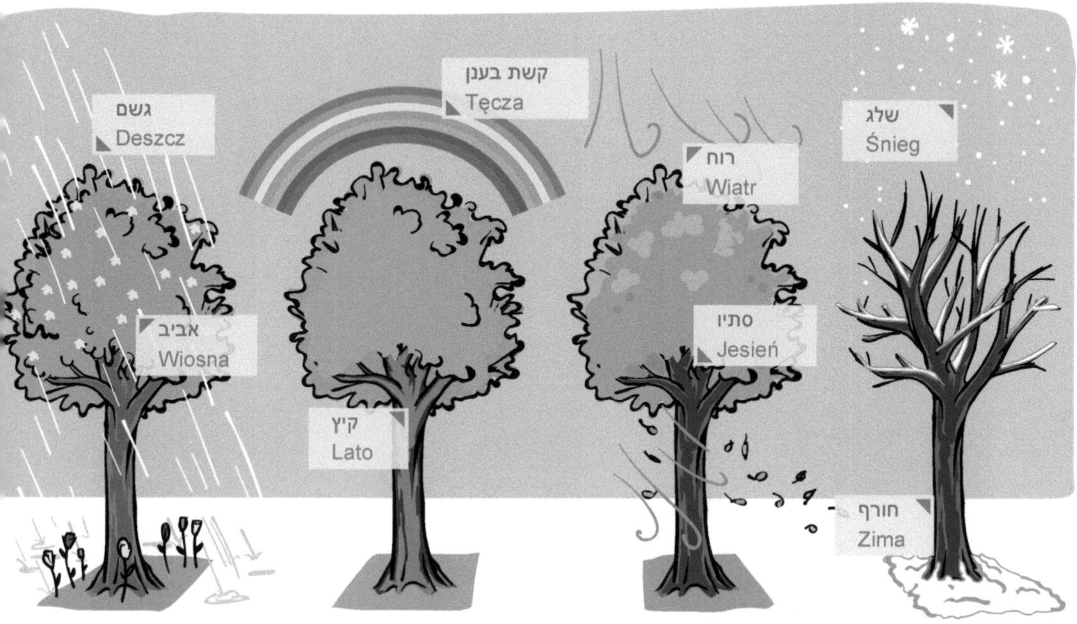

תחזית מזג האוויר

Prognoza pogody

מד חום

Termometr

אור שמש

Światło słoneczne

ענן

Chmura

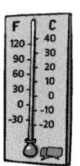

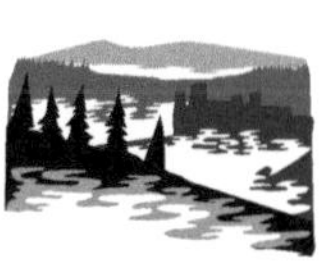

ערפל

Mgła

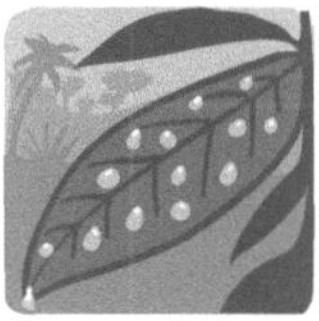

לחות

Wilgotność powietrza

ברק

Błyskawica

רעם

Grzmot

סערה

Sztorm

ברד

Grad

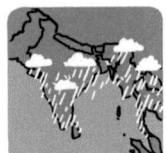

רוח עונתי

Monsun

שיטפון

Potop

קרח

Lód

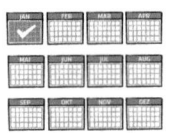

ינואר

Styczeń

פברואר

Luty

מרץ

Marzec

אפריל

Kwiecień

מאי

Maj

יוני

Czerwiec

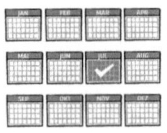

יולי

Lipiec

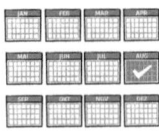

אוגוסט

Sierpień

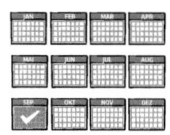

ספטמבר

Wrzesień

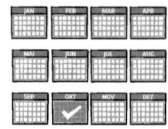

אוקטובר

Październik

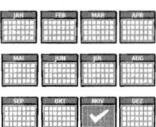

נובמבר

Listopad

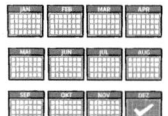

דצמבר

Grudzień

צורות

Kształty

עיגול

Koło

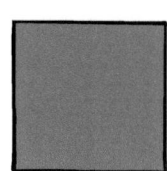

מרובע

Kwadrat

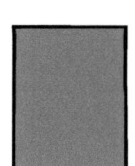

מלבן

Prostokąt

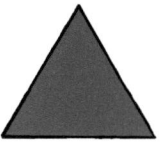

משולש

Trójkąt

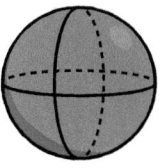

כדור

Kula

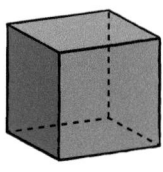

קובייה

Sześcian

לבן

....

biały

צהוב

....

żółty

כתום

....

pomarańczowy

ורוד

....

różowy

אדום

....

czerwony

סגול

....

liliowy

כחול

....

niebieski

ירוק

....

zielony

חום

....

brązowy

אפור

....

szary

שחור

....

czarny

הרבה / מעט

dużo / mało

כועס / רגוע

wściekły / spokojny

יפה / מכוער

piękny / brzydki

התחלה / סוף

początek / koniec

גדול / קטן

duży / mały

בהיר / כהה

jasny / ciemny

אח / אחות

brat / siostra

נקי / מלוכלך

czysty / brudny

שלם / חלקי

kompletny / niekompletny

יום /לילה

dzień / noc

מת / חי

umarły / żywy

רחב / צר

szeroki / wąski

אכיל / לא אכיל

jadalny / niejadalny

רשע / טוב לב

zły / uprzejmy

מתרגש / משועמם

podniecony / znudzony

שמן / רזה

gruby / chudy

ראשון / אחרון

najpierw / na końcu

חבר / אויב

przyjaciel / wróg

מלא / ריק

pełen / pusty

קשה / רך

twardy / miękki

כבד / קל

ciężki / lekki

רעב / צמא

głód / pragnienie

חולה / בריא

chory / zdrowy

בלתי-חוקי / חוקי

nielegalny / legalny

נבון / טיפש

inteligentny / głupi

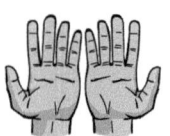

שמאל / ימין

lewo / prawo

קרוב / רחוק

bliski / daleki

חדש / משומש

nowy / używany

כלום / משהו

nic / coś

זקן / צעיר

stary / młody

פעיל / כבוי

włącz / wyłącz

פתוח / סגור

otwarty / zamknięty

שקט / רועש

cichy / głośny

עשיר / עני

bogaty / biedny

נכון / שגוי

prawidłowy / błędny

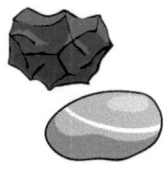

מחוספס / חלק

chropowaty / gładki

עצוב / שמח

smutny / szczęśliwy

קצר / ארוך

krótki / długi

איטי / מהיר

powolny / szybki

רטוב / יבש

mokry/suchy

חם / קר

ciepły / chłodny

מלחמה / שלום

wojna / pokój

0

אפס
....
zero

1

אחת
....
jeden

2

שתיים
....
dwa

3

שלוש
....
trzy

4

ארבע
....
cztery

5

חמש
....
pięć

6

שש
....
sześć

7

שבע
....
siedem

8

שמונה
....
osiem

9

תשע
....
dziewięć

10

עשר
....
dziesięć

11

אחת-עשרה
....
jedenaście

12
שתים-עשרה

dwanaście

13
שלוש-עשרה

trzynaście

14
ארבע-עשרה

czternaście

15
חמש-עשרה

piętnaście

16
שש-עשרה

szesnaście

17
שבע-עשרה

siedemnaście

18
שמונה-עשרה

osiemnaście

19
תשע-עשרה

dziewiętnaście

20
עשרים

dwadzieścia

100
מאה

sto

1.000
אלף

tysiąc

1.000.000
מיליון

milion

אנגלית

Angielski

אנגלית אמריקאית

Angielski amerykański

סינית מנדרינית

Chiński mandaryński

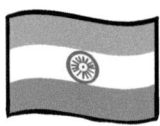

הודית

Hindi

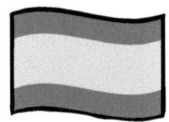

ספרדית

Hiszpański

צרפתית

Francuski

ערבית

Arabski

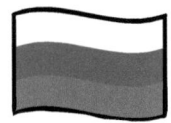

רוסית

Rosyjski

פורטוגזית

Portugalski

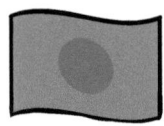

בנגלית

Bengalski

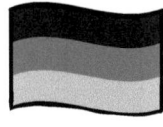

גרמנית

Niemiecki

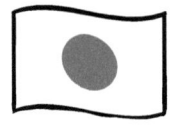

יפנית

Japoński

אני

ja

אתה / את

ty

הוא / היא / זה

on / ona / ono

אנחנו

my

אתם

wy

הם

oni

מי?

kto?

מה?

co?

איך?

jak?

איפה?

gdzie?

מתי?

kiedy?

שם

Nazwisko

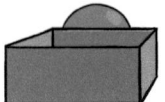

מאחור

za

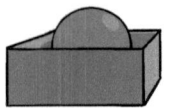

בתוך

w

לפני

przed

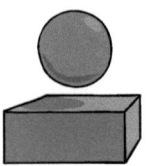

מעל

powyżej

על

na

מתחת

pod

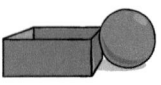

ליד

obok

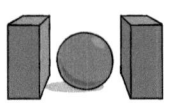

בין

między

מקום

Miejsce